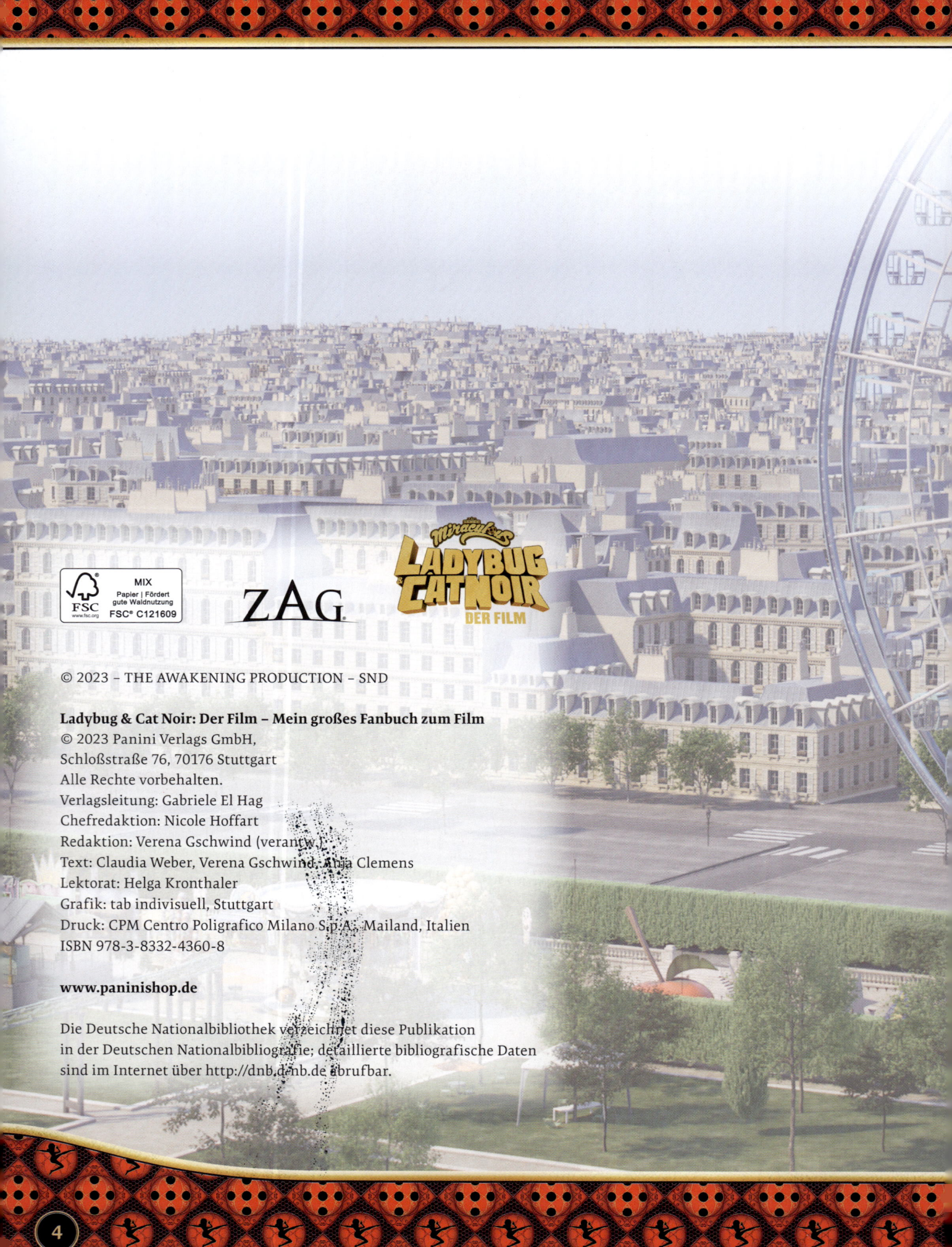

© 2023 – THE AWAKENING PRODUCTION – SND

Ladybug & Cat Noir: Der Film – Mein großes Fanbuch zum Film
© 2023 Panini Verlags GmbH,
Schloßstraße 76, 70176 Stuttgart
Alle Rechte vorbehalten.
Verlagsleitung: Gabriele El Hag
Chefredaktion: Nicole Hoffart
Redaktion: Verena Gschwind (verantw.)
Text: Claudia Weber, Verena Gschwind, Anja Clemens
Lektorat: Helga Kronthaler
Grafik: tab indivisuell, Stuttgart
Druck: CPM Centro Poligrafico Milano S.p.A., Mailand, Italien
ISBN 978-3-8332-4360-8

www.paninishop.de

Die Deutsche Nationalbibliothek verzeichnet diese Publikation
in der Deutschen Nationalbibliografie; detaillierte bibliografische Daten
sind im Internet über http://dnb.d-nb.de abrufbar.

Inhalt

Willkommen

Für die meisten Menschen ist Paris die Stadt der Liebe. Und der Mode! Kein Wunder also, dass Paris eine magische Anziehungskraft auf Menschen aus aller Welt ausstrahlt. Dass hier auch ganz andere magische Kräfte walten, ist dagegen weniger bekannt. Bis vor Kurzem wusste ich selbst nichts davon. Doch dann wurde ich plötzlich in ein magisches Abenteuer verwickelt, das mein Leben total auf den Kopf stellte. Aber bevor ich davon erzähle, möchte ich mich erst mal vorstellen. Also ...

Das bin ich:

Ich heiße Marinette Dupain-Cheng, bin 16 Jahre alt und lebe in Paris. Meine Eltern betreiben hier eine kleine Familienbäckerei, in der es die leckersten Croissants überhaupt gibt.

Meine Schule:

Ich gehe in die zehnte Klasse des Collège Françoise Dupont. Seit Alya in meiner Klasse ist, macht es mir sogar Spaß, zur Schule zu gehen. Es ist so schön, eine beste Freundin zu haben. Hat ja auch lange genug gedauert!

in Paris!

Meine Hobbys: alles, was kreativ ist. Ich liebe Mode, entwerfe und nähe meine Klamotten selber, bastle die passenden Accessoires dazu und kenne alle wichtigen Modehäuser. Mein Lieblingsdesigner ist Gabriel Agreste. Aber seine Sachen kann ich mir leider nicht leisten.

Ich mag:
- Menschen, die ehrlich sind und zu ihren Fehlern stehen,
- asiatisches Essen – da schlägt das Erbe meiner Mutter durch, die stammt nämlich aus Shanghai –, und
- französische Backwaren, vor allem Macarons. *Mmh, lecker!*

Was ich nicht mag: Oberflächlichkeit, Lügen, Ungerechtigkeiten aller Art

Meine Schwächen: Okay, wo soll ich anfangen? Ich bin der größte Tollpatsch, den man sich vorstellen kann. In der Schule lachen sie alle über mich, weil ich ständig über was stolpere, mich verheddere oder verspreche und dann rot werde.

Mein größter Wunsch: glücklich sein und irgendwann mal eine berühmte Modedesignerin werden!

Ich wäre gern …

… cool und selbstbewusst. Vor allem würde ich dem Jungen, in den ich heimlich verliebt bin, gerne meine Gefühle gestehen. Aber das traue ich mich einfach nicht.

Nino Lahiffe ist der Spaßvogel in Marinettes Klasse und **total unkompliziert**. Er ist sportlich, fährt Skateboard und steht auf Musik. Doch am liebsten würde er jede freie Minute **mit Alya** verbringen. Denn für sie schlägt sein Herz, seit sie in seine Klasse geht.

Sabrina Raincomprix ist ein schüchternes und zurückhaltendes Mädchen. Sie fristet ihr Dasein **im Schatten von Chloé**, deren Launen sie klaglos hinnimmt. Eigentlich erstaunlich, dass ihr nicht schon längst mal der Kragen geplatzt ist.

Alya Césaire ist der zweite Neuzugang in Marinettes Klasse. Sie ist das absolute Gegenteil von Marinette, aber Gegensätze ziehen sich ja bekanntlich an. Jedenfalls war sofort klar, dass die beiden Mädchen **beste Freundinnen** werden. Alya kommt aus einer quirligen Familie mit drei Schwestern und lässt sich nichts gefallen. Sie ist neugierig und will mal eine **berühmte Reporterin** werden.

Adrien Agreste ist neu in Marinettes Klasse und überglücklich, endlich auf eine **normale Schule** gehen zu dürfen. Bisher hatte er nur Privatunterricht. Denn sein Vater, der Stardesigner Gabriel Agreste, hatte ihn von so ziemlich allem abgeschirmt, was ein 16-Jähriger normalerweise so macht. Seine Freizeit ist allerdings immer noch komplett durchgeplant. Neben Klavierstunden, Chinesischunterricht und Fechttraining macht Adrien nämlich vor allem eins: **als Model** für das Label seines Vaters arbeiten.

Chloé Bourgeois ist eingebildet, verzogen und daran gewöhnt, dass alle **nach ihrer Pfeife** tanzen. Ihrem Vater gehört eins der teuersten Pariser Luxushotels. Kein Wunder, dass Chloé nur **edelste Designermode** trägt! Ob sie in Adrien verliebt ist oder ihn nur als berühmtes Anhängsel sieht, ist schwer zu sagen – jedenfalls wacht sie argwöhnisch darüber, dass ihm kein anderes Mädchen zu nahe kommt.

Tom Dupain

Marinettes Vater Tom ist **Bäcker aus Leidenschaft**. Die hat er von seinem Vater Rolland geerbt – genau wie die **raffinierten Rezepte** für Brote und Feingebäck. Toms kräftige Statur ist der leibhaftige Beweis dafür, dass er den ganzen Tag über schwere Backbleche in den Ofen schiebt und herausholt. Und dass er immer mal wieder von seinen leckeren Schokocroissants und mit Creme gefüllten Macarons nascht.

Sabine Cheng

Marinettes Mutter ist eine zierliche Chinesin, die eigentlich **Xia Bing** (sprich Scha-Bing) heißt und ihren Namen änderte, als sie von Shanghai nach Paris kam. In der familieneigenen Bäckerei und Konditorei ist Sabine **für den Verkauf** zuständig. Bei ihrer Tochter schlägt das asiatische Erbe manchmal auch durch, zum Beispiel wenn Marinette Spaghetti mit Stäbchen isst.

Gabriel Agreste

Der schlanke, hochgewachsene Gabriel Agreste ist einer der **angesagtesten Modedesigner** von Paris. Seine Kollektionen sind aber vielleicht auch deshalb so erfolgreich, weil er sie von seinem Sohn präsentieren lässt. So unnahbar wie Gabriel Agreste als Star der Pariser Fashionwelt wirkt, so kühl und abweisend verhält er sich auch seinem Sohn gegenüber. Anstatt sich um Adrien zu kümmern, zieht Gabriel Agreste sich in die Trauer um seine Frau zurück. Er setzt alles daran, seine geliebte Emilie **ins Leben** zurückzuholen, und ist bereit, jeden Preis dafür zu bezahlen – wirklich jeden.

Wang Fu

Der unscheinbare Chinese führte bis vor zehn Jahren einen **kleinen Antiquitätenladen** ganz in der Nähe der Bäckerei von Marinettes Eltern. Dann schloss der Laden ohne Vorankündigung von einem Tag auf den anderen, und Wang Fu wurde nicht mehr gesehen. Jedenfalls bemerkte ihn keiner, denn er verhält sich stets so zurückhaltend, dass er kaum jemandem auffällt. Und das aus gutem Grund. Der alte Mann hütet nämlich **ein großes Geheimnis**, und das Schicksal von ganz Paris hängt davon ab, dass dieses Geheimnis nicht enthüllt wird …

Finde die Fehler!

Im rechten Bild sind sieben Fehler versteckt. Suche sie und kreise sie ein!

Neben Alya gab es noch einen weiteren Neuzugang in der Klasse: Adrien, einen süßen Jungen mit blonden Haaren und smaragdgrünen Augen. Marinette sah ihn zum ersten Mal in der Schulbibliothek – und verlor sofort ihr Herz an ihn. Wobei er ihr seltsam bekannt vorkam. Was nicht weiter überraschte, denn Paris war zugepflastert mit Werbung für die neueste Kollektion des Stardesigners Gabriel Agreste. Und Adrien, der die Mode seines Vaters präsentierte, lächelte von jeder Litfaßsäule und jedem Werbeplakat, auf der Straße, in der Metro, einfach überall.

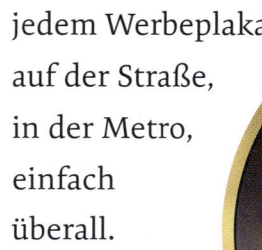

Es war einmal vor gar nicht allzu langer Zeit in Paris … Die großen Ferien waren vorüber, und Marinette graute es davor, wieder zur Schule gehen zu müssen. Nicht weil sie eine schlechte Schülerin war, sondern weil ihr Chloé – die schöne, reiche und verwöhnte Oberzicke der Klasse – das Leben schwer machte. Doch diesmal sollte alles anders kommen. Chloé war zwar gemein wie eh und je, aber plötzlich gab es jemanden, der ihr Kontra gab: Alya, die Neue in der Klasse. Marinette verstand sich auf Anhieb mit ihr und hatte zum ersten Mal überhaupt eine beste Freundin.

In einem düsteren Gewölbe dieses unterirdischen Reiches hatte er eines Tages auch das Schmetterlings-Miraculous entdeckt, eine geheimnisvolle Brosche, die mit dem Kwami Nooroo verbunden war. Als er die Brosche ansteckte, verwandelte ihn das kleine magische Wesen in den mächtigen Hawk Moth. Der finstere Bösewicht hatte die Macht, aus unschuldigen weißen Schmetterlingen magische schwarze Akumas zu schaffen. Diese schmetterlingsähnlichen Wesen schickte er zu Menschen, die gerade eine bittere Enttäuschung oder großen Frust erlebten, um sie zu akumatisieren. Dann verwandelten sie sich in Superschurken – mit dem Auftrag, Hawk Moth die beiden mächtigsten Miraculous zu bringen: Ladybugs Ohrstecker und Cat Noirs Siegelring.

Gabriel Agreste hatte lange mit sich gekämpft. Nachdem seine Frau nicht mehr da war, wollte er nicht auch noch seinen Sohn verlieren und schirmte Adrien von der Außenwelt ab, so gut es ging. Irgendwann hatte er dann aber doch nachgegeben und Adrien erlaubt, eine öffentliche Schule zu besuchen – ein Entschluss, der nicht ganz uneigennützig war. Denn solange Adrien außer Haus war, konnte der Modedesigner ungestört das geheime Reich aufsuchen, das er tief unter dem Anwesen seiner riesigen Villa angelegt hatte. Dort, inmitten eines wunderschönen unterirdischen Gartens, in einem gläsernen Sarg, befand sich seine geliebte Frau Emilie, die in einen unendlich tiefen Schlaf gefallen war. Und mit allem, was Gabriel Agreste tat, versuchte er, seine Frau aus diesem Schlaf ins Leben zurückzuholen.

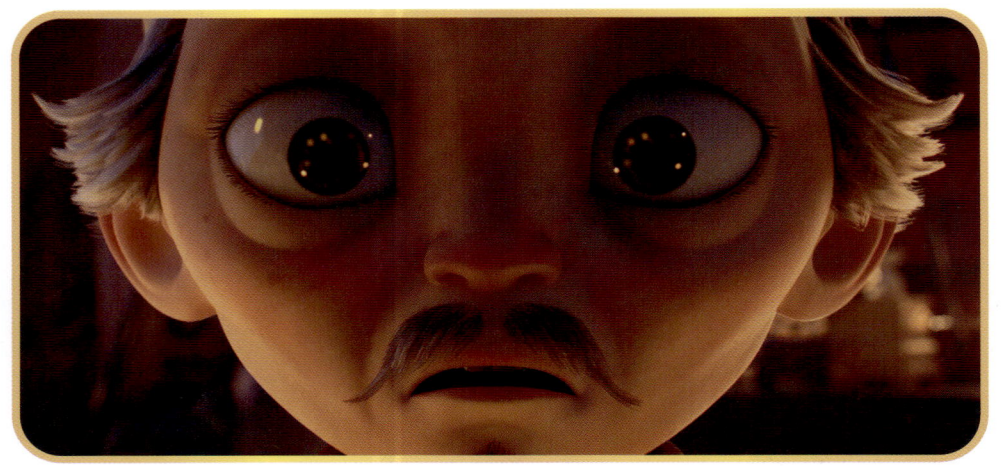

„Meister Fu?", murmelte Tikki und rieb sich den Schlaf aus den Augen. „Ich bin wach? Das kann nur eins bedeuten …"

„Ja", antwortete Meister Fu voller Sorge. „Hawk Moth hat sich erhoben. Bald schon wird ein außerordentlich gefährlicher Wind über die Erde fegen."

Dass Hawk Moth begann, Paris ins Chaos zu stürzen, alarmierte Meister Fu, den Hüter der Miraculous. Der weise alte Chinese wusste sofort, dass es Zeit war, zu handeln und die Pläne des Erzschurken zu durchkreuzen. So öffnete Meister Fu die Miraculous-Schatulle, die er viele Jahre vor den Augen der Welt verborgen hatte, und nahm die beiden mächtigsten magischen Schmuckstücke heraus – die Ohrstecker des Marienkäfer-Miraculous und den Siegelring des Katzen-Miraculous – und mit ihnen zwei kleine magische Wesen: Tikki, das Kwami der Erschaffung, und Plagg, das Kwami der Zerstörung.

Das andere Kwami war dagegen fast nicht wach zu bekommen. „Plagg!", sagte Meister Fu und stupste es an.

„Lass mich in Ruhe!", erwiderte das kleine schwarze Kerlchen. „Ich mache ein Nickerchen."

„Dazu hattest du jetzt hundert Zeit", meinte Meister Fu. „Komm, steh auf! Wir sind in Paris, hier gibt es jede Menge Käse."

„Käse?", wiederholte Plagg, rülpste und war mit einem Schlag hellwach.

„Die Kraft der Erschaffung kann nur von einem Herzen gemeistert werden, das Mut kennt", sagte Meister Fu. „Und die Zerstörung von einem Herzen, das Traurigkeit kennt."

Dann machte er sich mit den beiden Miraculous und ihren Kwamis auf die Suche nach zwei Menschen, die der großen Aufgabe gewachsen waren, die ihnen bevorstand. Immerhin ging es um nichts weniger, als Hawk Moth zu bezwingen und die Welt zu retten …

Wenig später hatte Meister Fu gefunden, was er suchte. Das Marienkäfer-Miraculous steckte er einem tollpatschigen Mädchen zu und das Katzen-Miraculous einem traurig dreinblickenden Jungen – auf den ersten Blick vielleicht eine seltsame Wahl. Doch Meister Fu war sich sicher, dass in den beiden Teenagern verborgene Kräfte schlummerten, die darauf warteten, von den Miraculous und deren Kwamis aktiviert zu werden. So kam es, dass aus Marinette Dupain-Cheng die Superheldin Ladybug wurde und aus Adrien Agreste der Superheld Cat Noir.

Die beiden Superhelden trafen zum ersten Mal in der Kathedrale Notre-Dame aufeinander. Und wie sie da kopfüber unter dem düsteren Gewölbe baumelten, wurde ihnen klar, dass ihr Schicksal am gleichen Faden hing – um genauer zu sein: an Ladybugs Jo-Jo-Seil. Cat Noir und Ladybug waren ein Team und mussten zusammenarbeiten, wenn sie gegen die finsteren Mächte, die Hawk Moth heraufbeschwor, bestehen wollten.

Dabei war ihr erster Gegner noch vergleichsweise harmlos: ein riesiger steingrauer Wasserspeier mit scharfen Klauen, furchterregenden Reißzähnen und einem Blick, der keinerlei Angst kannte. Das Wesen spreizte seine mächtigen Schwingen und flog auf die beiden Superhelden zu.

„Überlass das mir!", rief Cat Noir. „Ich hab mir unser erstes Date zwar anders vorgestellt, aber wozu hab ich sieben Leben – und die verheerende Kraft der Zerstörung?"

Mit vereinten Superkräften bezwangen die beiden Superhelden die finstere Kreatur. Und in den kommenden Tagen und Wochen sollten noch viele solcher Einsätze folgen …

Ladybug war froh, im Kampf gegen Hawk Moth einen Partner wie Cat Noir an ihrer Seite zu haben. Er war furchtlos und mutig, manchmal vielleicht eine Spur zu draufgängerisch – und definitiv zu forsch. Außerdem flirtete er unverhohlen mit ihr.

Sie fühlte eine innere Zerrissenheit, die sie in dieser Form noch nie zuvor erlebt hatte.

„Was ist nur los mit mir?", fragte sie sich und versuchte, ihre Gedanken zu ordnen. Es war alles so verwirrend … Als Marinette war sie in Adrien verliebt, seit sie ihm zum allerersten Mal begegnet war. Hatte sie nun etwa auch Gefühle für Cat Noir? Konnte sie in zwei Menschen gleichzeitig verliebt sein? Und war es überhaupt möglich, einen Superhelden zu lieben? Ohne zu wissen, wer hinter der Maske steckte?

Dass Cat Noir in Ladybug verliebt war und auf Wolke sieben schwebte, entging nicht mal seinem Kwami – und das, obwohl Plagg sich normalerweise nur für Käse interessierte. Als dann auch noch Adrien anfing, von Ladybug zu schwärmen, hatte Plagg genug.

„Tut mir leid, aber diese ganze Gefühlsduselei ist nichts für mich", beschwerte sich Plagg, atmete tief durch und pupste.

„Du bist eklig!", brummte Adrien.

Ein paar Straßen weiter stand Marinette auf der Dachterrasse über ihrem Zimmer und schaute in den Nachthimmel.

nicht zu interessieren. Er beugte sich bereits über den bewusstlosen Cat Noir, um sich auch noch das Katzen-Miraculous zu holen. Als Marinette den Superhelden hilflos in den Händen des Erzschurken sah, war es ihr egal, ob sie Ladybug oder Marinette war. Sie musste versuchen, Cat Noir zu retten.

Schon bald brachte Hawk Moth die beiden verliebten Superhelden noch einmal zusammen. Es sollte der alles entscheidende Kampf werden! Der Erzschurke versetzte Cat Noir einen Schlag, der ihm das Bewusstsein raubte. Ohne nachzudenken, sprang Ladybug ihrem Partner zu Hilfe – als sie plötzlich ein seltsames Ziehen an den Ohren spürte. Im nächsten Moment erkannte sie, dass Hawk Moth alle ihm zur Verfügung stehenden magischen Kräfte konzentrierte und mit einer Armee von Akumas die magischen Ohrstecker an sich zog.
Ladybug hatte keine Chance. Sie verlor das Marienkäfer-Miraculous an den Erzschurken und wurde wieder zu Marinette. Doch das schien Hawk Moth gar

Zu allem entschlossen stürmte sie auf Hawk Moth und Cat Noir zu, als plötzlich eine Explosion alle drei zu Boden riss. Der Staub hatte sich noch nicht gelegt, da sah Marinette, dass Cat Noir durch die Explosion seine Maske verloren hatte.
Nun wusste sie, wer sich die ganze Zeit hinter der schwarzen Maske verborgen hatte …

„Adrien!", schrie Hawk Moth und zitterte am ganzen Körper. Sein dunkler Anzug färbte sich plötzlich strahlend weiß und ließ einen Schwarm weißer Schmetterlinge frei. Als sie sich auflösten, verschwand auch seine Maske, und sein wahres Gesicht zeigte sich: Es war der Modeschöpfer Gabriel Agreste.

Im nächsten Augenblick schwebte eine Wolke aus weißen Schmetterlingen heran, aus der sich die Gestalt einer wunderschönen Frau abzeichnete. Sie hatte die gleichen blonden Haare wie Adrien. „Maman?", fragte Adrien, unsicher, ob er noch bewusstlos war und träumte oder ob dies tatsächlich passierte. Doch als seine Mutter ihn in die Arme schloss, wurde ihm klar, dass es Wirklichkeit war.

Die Verwandlung des Erzschurken befreite auch Tikki, die Marinette sofort wieder in Ladybug verwandelte.

Während Gabriel Agreste sich dann verzweifelt über seinen Sohn beugte, schlug Adrien die Augen auf. „Papa?", fragte er verwirrt.

„Verzeih mir, mein Sohn!", flüsterte Gabriel, auf den sich nun Tausende Akumas stürzten. Als sie verschwanden, war auch Adriens Vater verschwunden. Alles, was von ihm übrig blieb, war die Schmetterlingsbrosche, die mit einem seltsam hohlen Klirren zu Boden fiel.

„Die Liebe deines Vaters hat den Fluch gebrochen", sagte Emilie Agreste und strich Adrien sanft übers Haar. „Für dich und für mich hat er sich am Ende selbst geopfert."

Nachdem Hawk Moth verschwunden war und keine Bedrohung mehr für Paris darstellte, verwandelte Ladybug sich wieder in Marinette und wollte Meister Fu die magischen Ohrstecker zurückgeben.

„Behalte das Marienkäfer-Miraculous!", sagte Meister Fu. „Und vergiss nie, dass eine Maske allein keinen Helden macht! Lass dich auch in Zukunft von deinem Herzen leiten! Denn die Liebe hat deine Angst besiegt und dir wahre Kraft gegeben."

Marinette nickte. Es steckte so viel Weisheit in Meister Fus Worten. Und wenn sie weiterhin Ladybug sein sollte, dann brauchte sie auch weiterhin Cat Noir an ihrer Seite – ihren Partner, auf den sie sich immer und überall verlassen konnte. Marinettes Herz schlug schneller bei dem Gedanken an Cat Noir. Der eigentlich Adrien war. Jetzt war ihr auch klar, warum sie für beide Gefühle hatte – und dass sie bisher keinem von beiden ihre Gefühle offenbart hatte. Doch das ließ sich ändern. Bald … beim großen Maskenball an ihrer Schule!

Als Marinette am Abend dieses aufregenden Tages den Festsaal der Schule betrat, ging ein Raunen durch die Menge. Alle bewunderten ihr selbst entworfenes Ballkleid – marienkäferrot mit schwarzen Punkten.

„Hey! Du bist die Einzige, die ohne Maske hier ist", stellte Alya fest, die sofort auf ihre Freundin zugestürmt war und ihr ins Ohr raunte: „Chloé wollte mit Adrien tanzen. Aber er hat Nein gesagt. Weil er mit jemand anderem tanzen will. Dreimal darfst du raten, mit wem!" Marinette merkte, wie ihr das Blut in die Wangen schoss. Mit knallrotem Kopf wollte sie Adrien auf keinen Fall gegenübertreten. Daher beschloss sie, erst mal auf die Terrasse zu gehen.

Doch als sie ins Freie trat, stand ihr plötzlich Adrien gegenüber. „Warum trägst du keine Maske?", wollte er wissen.

„Weil ich will, dass du mich siehst", antwortete sie. Adrien nickte und nahm seine Maske ab. In diesem Moment wussten beide, dass es egal war, ob sie ihre Masken trugen oder nicht. Sie gehörten einfach zusammen. Als Ladybug und Cat Noir – und als Marinette und Adrien!

„Ladybug", flüsterte Adrien.

„Ja, Cat Noir?!", erwiderte Marinette.

„Was machst du heute Abend?", fragte er und lächelte sie an.

„Nichts", antwortete sie. „Es sei denn, du willst tanzen!"

„Für den Rest meines Lebens", sagte er. „Aber nur mit dir."

HAPPY END

Wahr oder falsch?

Hast du bei der Geschichte gut aufgepasst?
Dann sind diese Fragen ein Klacks für dich!

1 Das Schmetterlings-Kwami heißt Noori.

A: **wahr**

B: **falsch**

2 Das Katzen-Miraculous ist ein Siegelring.

A: **wahr**

B: **falsch**

3 Tikki ist das Kwami der Zerstörung.

A: **wahr**

B: **falsch**

4 Adriens Mutter heißt Emilie.

A: **wahr**

B: **falsch**

5 Gabriel Agreste verwandelt sich in Hawk Moth.

A: wahr

B: falsch

6 Ladybug und Cat Noir kämpfen gegen einen steinernen Löwen.

A: wahr

B: falsch

7 Die Kwamis haben 100 Jahre in der Miraculous-Schatulle geschlafen.

A: wahr

B: falsch

8 Am liebsten isst Plagg Kuchen.

A: wahr

B: falsch

9 Der Hüter der Miraculous heißt Meister Fo.

A: wahr

B: falsch

10 Alya ist Marinettes beste Freundin.

A: wahr

B: falsch

Lösung: 1B; 2A; 3B; 4A; 5A; 6B; 7A; 8B; 9B; 10A

Meister Fu und die gehe

Hinter dem unauffälligen alten Mann, der mal als Antiquitätenhändler, mal als asiatischer Heiler in Erscheinung tritt, verbirgt sich ein mysteriöser chinesischer Gelehrter, auf dem ein uraltes Geheimnis lastet.

Hüter der Miraculous

Meister Fu ist das letzte lebende Mitglied eines uralten Ordens, der **das Geheimnis der Miraculous** hütet. Vor über 170 Jahren wurde er in den schnee-bedeckten Bergen einer chinesischen Hochgebirgs-region in den **Tempel der Hüter** aufgenommen. Dort bildeten weise Mönche ihn zum Hüter der Miraculous aus. Doch Fu war noch jung – ein Kind! – und machte einen Fehler, der zur Zerstörung des Tempels führte. Von den vielen Miraculous, die im Tempel aufbewahrt wurden, konnte Fu nur ein paar wenige retten. Die bewahrt er nun in einer achteckigen Schatulle mit chinesischen Zeichen darauf auf, gut getarnt in **einem alten Grammofon**.

Miraculous ...

Miraculous sind geheimnisvolle magische Schmuckstücke, die ihrem Besitzer **Superkräfte** verleihen. Daher liegt es in der Verantwortung des Hüters, die Miraculous nur an **vertrauens-würdige Träger** weiterzugeben. Denn wenn die Miraculous in die falschen Hände geraten, können sie unvorstellbares Unheil über die Welt bringen.

... und Kwamis

Die etwa mausgroßen Kwamis sind unsterbliche **magische Wesen**, die mit den Miraculous verbunden sind. Sie sind viele Tausend Jahre alt und müssen ihrem jeweiligen Meister gehorchen – selbst wenn er sie für böse Zwecke missbraucht. **Nooroo, das Kwami des Schmetterlings-Miraculous**, verleiht dem Träger der Schmetterlingsbrosche die Superkraft der Akumatisierung. **Plagg, das Kwami des Katzen-Miraculous**, verleiht dem Träger des Siegelrings die zerstörerische Superpower des Kataklysmus. Und **Tikki, das Kwami des Marienkäfer-Miraculous**, stattet den Träger der Marienkäfer-Ohrstecker mit der mächtigsten Superkraft überhaupt aus: die Macht, Glück zu bringen und Dinge zu erschaffen.

Die mächtigsten Miraculous

Das **Schmetterlings-Miraculous**, das aussieht wie eine Brosche und zum Kwami Nooroo gehört, gelangte leider in den Besitz des finsteren Bösewichts **Hawk Moth**. Und der hat alles andere als das Wohl der Menschheit im Sinn! Daher beschließt

Meister Fu, zwei Menschen reinen Herzens zu suchen, denen er die beiden mächtigsten magischen Schmuckstücke anvertrauen kann: die Ohrstecker des **Marienkäfer-Miraculous** und den Siegelring des **Katzen-Miraculous**. Mit seinen 186 Jahren fühlt Meister Fu sich zwar noch jung, aber zu alt, um die Welt zu retten.

Tikki oder Plagg: Welch

Beantworte die Fragen, ohne lange nachzudenken, mit Ja oder Nein und folge den Pfeilen bis zum Ende des Tests! Welches magische Wesen wäre dein idealer Begleiter?

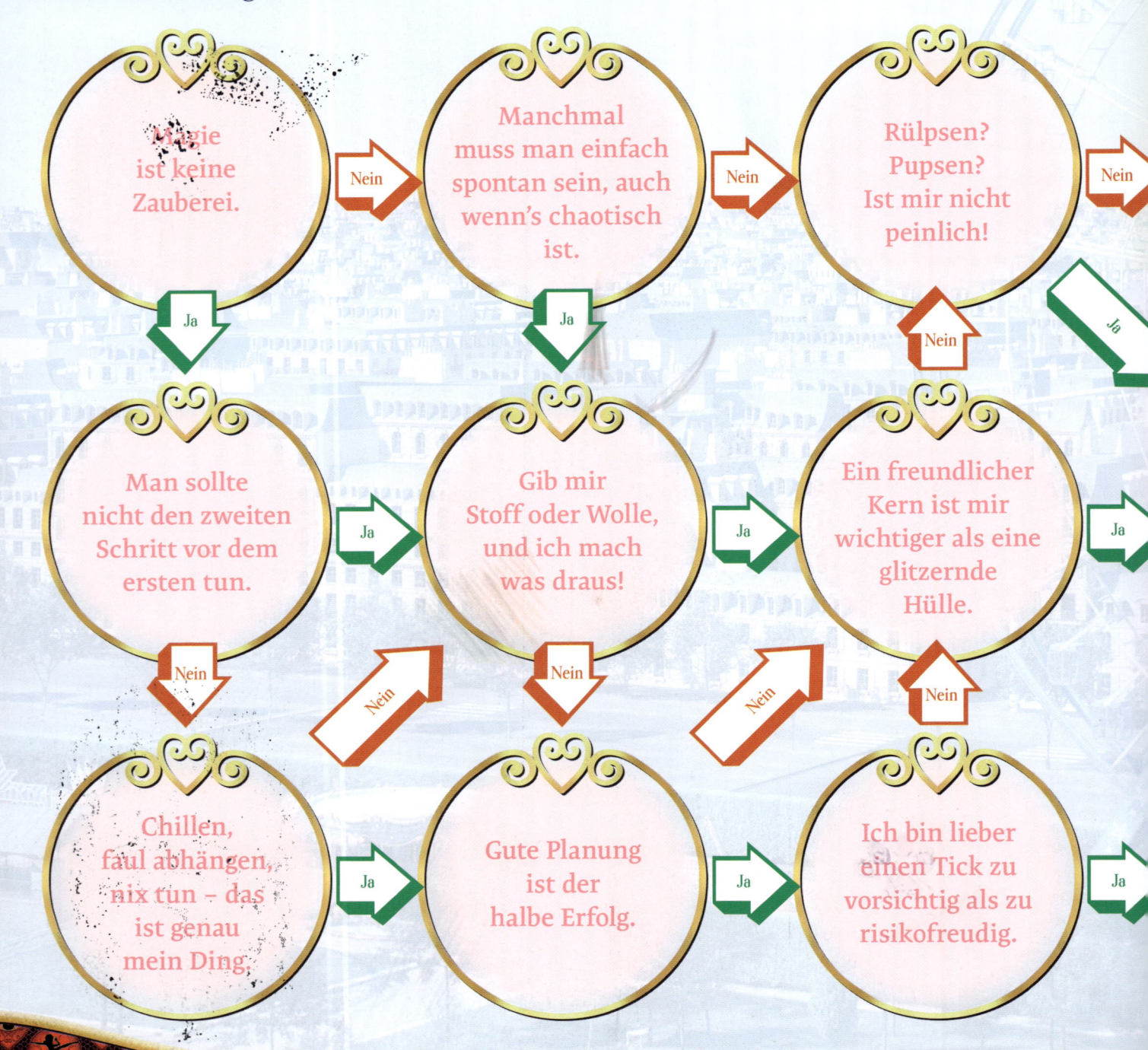

Magie ist keine Zauberei.

Manchmal muss man einfach spontan sein, auch wenn's chaotisch ist.

Rülpsen? Pupsen? Ist mir nicht peinlich!

Man sollte nicht den zweiten Schritt vor dem ersten tun.

Gib mir Stoff oder Wolle, und ich mach was draus!

Ein freundlicher Kern ist mir wichtiger als eine glitzernde Hülle.

Chillen, faul abhängen, nix tun – das ist genau mein Ding.

Gute Planung ist der halbe Erfolg.

Ich bin lieber einen Tick zu vorsichtig als zu risikofreudig.

Nein · Ja

Du hältst dich nicht gern an Regeln und bist oft chaotisch. Aber dafür wird es mit dir nicht langweilig. Darum passt **Plagg, das Kwami der Zerstörung**, super zu dir. Und wenn mal wieder was kaputtgeht, denk daran: Scherben bringen Glück!

Bevor du was anfängst, überlegst du, wie du am besten vorgehst. Dabei verfolgst du dein Ziel aber nicht verbissen, sondern lässt Raum für kreative Ideen und spontane Einfälle. Daher ist **Tikki, das Kwami der Erschaffung**, dein idealer Begleiter.

Tikki ist dir zu vernünftig, Plagg zu frech. **Nooroo** dagegen passt mit seiner ruhigen, wohlüberlegten Art wunderbar zu dir. Außerdem wäre **das Kwami der Übertragung** bei dir wesentlich besser aufgehoben als bei einem Besitzer wie Hawk Moth.

Magische Verwandlung

Alles begann am ersten Schultag nach den Ferien. Marinette versuchte wieder einmal, Chloé zu entkommen, und stieß mit einem alten Mann zusammen ...

Der Mann hatte chinesische Gesichtszüge und kam Marinette seltsam bekannt vor. Allerdings konnte sie sich nicht erinnern, ihm je zuvor begegnet zu sein. Doch sie hatte keine Zeit, darüber nachzudenken, denn Chloé war ihr auf den Fersen. Der Mann blickte Marinette mit wissendem Blick an und zeigte auf einen verstaubten Antiquitätenladen, den bestimmt seit Jahren niemand mehr betreten hatte – ideal, um sich zu verstecken. Dort, zwischen altem Gerümpel und Spinnweben, entdeckte Marinette einen süßen, kleinen Marienkäfer,

der sich plötzlich in eine hell leuchtende Lichtkugel verwandelte. Das Licht verschwand unter dem Dielenboden, wo Marinette dann eine kleine schwarze Schachtel mit Ohrsteckern fand. Sie waren rot mit schwarzen Punkten. Marinette zog die Ohrstecker an, und im nächsten Moment schwebte ein kleines purpurrotes Wesen vor ihr. Es sollte Marinettes Leben für immer verändern. „Psst, keine Panik!", sagte das Wesen, als es Marinettes erschrockenen Blick bemerkte. „Ich bin Tikki, dein Kwami." Seit diesem denkwürdigen Augenblick waren die beiden unzertrennlich.

Tikki ist über 5 000 Jahre alt und mit dem Marienkäfer-Miraculous verbunden. Wie alle **Kwamis** ist Tikki nur zu sehen, wenn das Miraculous sich im Tarnzustand befindet. Sobald Tikki die magischen Ohrstecker durchdringt, werden die magischen Kräfte des Miraculous aktiviert.

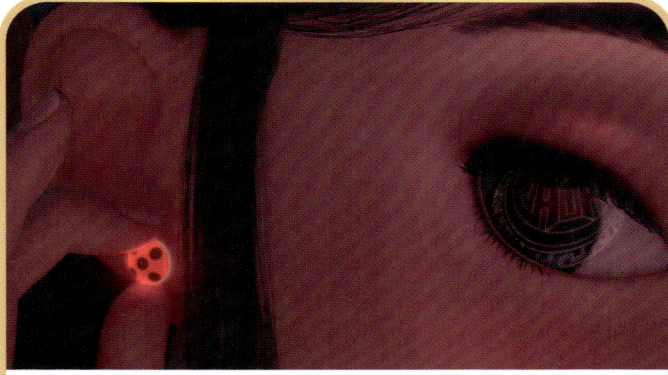

Trägt Marinette die Ohrstecker des Marienkäfer-Miraculous und sagt: **„Tikki, verwandle mich!"**, macht das Kwami aus dem Tollpatsch Marinette die Superheldin **Ladybug**.

Ladybugs Markenzeichen sind die rote **Augenmaske** mit schwarzen Punkten und das unverwechselbare **Marienkäfer-Outfit**. Ihre Allzweckwaffe ist das **Jo-Jo**, das sie lässig um die Hüften schlingt – wenn sie es nicht gerade braucht, um sich von Dach zu Dach zu schwingen, sich abzuseilen oder einen Akuma zu fangen und vom Bann des Bösen zu befreien. Außerdem nutzt sie das Jo-Jo als Lasso, Fessel, Schutzschild, Handy und Navi.

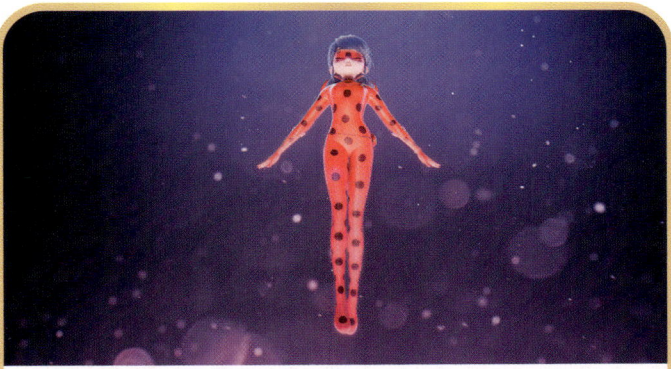

Die magischen Marienkäfer-Ohrstecker sind **das mächtigste Miraculous**. Wirft Ladybug ihr Jo-Jo in die Luft und ruft: **„Glücksbringer!"**, wird sie von der Superpower des Glücks durchströmt und erhält Hinweise, die sie dann zur Bekämpfung des Bösen nutzt. Ruft sie: **„Miraculous Ladybug!"**, setzt sie geballte magische Energie frei und kann sämtliche Schäden beheben, die Superschurken und Sentimonster angerichtet haben.

Aus Adrien

Der Siegelring des Katzen-Miraculous ist nach Ladybugs magischen Ohrsteckern das **zweitmächtigste Miraculous**. Wenn das Kwami des Katzen-Miraculous mit dem Ring verschmolzen ist, färbt der sich schwarz mit einem neongrünen Pfotenabdruck auf der Siegelfläche. Im Tarnzustand ist der Ring silbern.

Trägt Adrien den magischen Siegelring und sagt: **„Plagg, verwandle mich!"**, dringt das Kwami in das Katzen-Miraculous ein und aktiviert dessen magische Kräfte. Dann verwandelt sich Supermodel Adrien in den Superhelden **Cat Noir**.

wird Cat Noir

Nach jedem Einsatz des Katzen-Miraculous muss Plagg seine Energiereserven aufladen und neue Kräfte sammeln. Dann bekommt der kleine schwarze Kerl meist eine Extraportion Stinkekäse. Denn **Plagg** hat eine ausgesprochene Schwäche für Camembert. Je heftiger der Käse riecht, desto besser.

Cat Noirs Markenzeichen sind die schwarze **Augenmaske**, schwarze **Katzenohren** und der passende **Catsuit** mit dem langen Gürtel, der an einen Katzenschwanz erinnert. Um den Hals trägt er einen glöckchenartigen goldenen Anhänger.

Das Spezialwerkzeug des Superhelden ist ein schwarzer **Stab**, der sich stufenlos ausziehen lässt. Im Kampfeinsatz dient er Cat Noir als Schlagwaffe, Sprungstab, Angel, Propeller, Ortungsgerät, Navi, Fernglas oder Handy. Wenn Cat Noir den Stab blitzschnell kreisen lässt, kann er auch als Abwehrschild genutzt werden.

Wenn Cat Noir „**Kataklysmus!**" ruft, aktiviert er die Superkraft der Zerstörung. Dann strömt destruktive schwarze Energie durch die Hand, an der er das Katzen-Miraculous trägt, und die zerstört alles, was der Superheld damit berührt.

Hast du auch das Zeug zum Superhelden wie Marinette oder Adrien? Mach den Test und finde es heraus!

1

Die Leute mögen dich, weil ...

- ... du sehr hilfsbereit, ehrlich und charmant bist.
- ... du zurückhaltend, freundlich und fröhlich bist.
- ... du witzig, neugierig und clever bist.

2

Wie würden dich deine besten Freunde mit zwei Worten beschreiben?

- Freundlich und aufopfernd.
- Liebenswert und treu.
- Selbstlos und gerechtigkeitsliebend.

3

Eine neue Mitschülerin in deiner Klasse wird direkt fies gemobbt. Was tust du?

- Öhm, doof! Aber ich halte mich da raus. Das gibt nur Stress.
- Keine Frage, ich stelle die Mobber sofort zur Rede!*
- Ich berate mich baldmöglichst mit unserer Klassensprecherin, wie wir helfen können.

4

Nun ein etwas anders gelagerter Fall: Jemand, den du absolut nicht magst, widerfährt Unrecht. Und jetzt?

- Ich schreite ein, Ungerechtigkeit bleibt Ungerechtigkeit und meine persönlichen Gefühle außen vor.
- Puh, ganz schön heikel! Ich hadere mit mir und werde wohl jemanden einschalten, der helfen kann.
- Es tut mir leid, aber in dem Fall kann ich nicht anders: Ich schaue weg und denke mir, dass das verdient war.

5

Ganz anderes Thema: Verkleidest du dich gerne, inklusive Maske natürlich?

- Wenn es Bedingung ist, um Superheld zu sein – ja!
- Hey, gern, das gehört zum Superhelden-Dasein dazu!
- Verkleiden? Maske? Ich sag mal Nein!

6

Superheld zu sein ist sozusagen ein Fulltime-Job, und die Schule gibt es nebenher auch noch. Passt das für dich?

 Sorry, da bin ich raus. Ich brauche definitiv ganz besonders viel Freizeit!

Klar: Unrecht kennt keine Uhrzeit, und Zeit zum Lernen findet sich schon.

Ja und Nein: Ich bin für eine Probezeit und gebe dann mein Okay.

7

Und wie sieht es mit dem großen Geheimnis rund ums Superhelden-Dasein aus? Wem verrätst du etwas von deiner zweiten Identität?

 Ich weiß, ich darf nicht, aber es wäre sicher zu aufregend, um zu schweigen.

Wenn ich denn Superheld wäre: meinen besten Freunden, meiner Familie …

N-i-e-m-a-n-d-e-m, das versteht sich von selbst!

AUSWERTUNG:

Zähle, wie oft du , oder angekreuzt hast. Und dann lies hier das Ergebnis:

Superhelden-Doppelgänger

Wann immer etwas Ungerechtes geschieht – du bist sofort zur Stelle! Dabei nimmst du dich selbst zurück und kämpfst nur für die Sache, koste es, was es wolle. Dass die Schule dabei manchmal auf der Strecke bleibt, nimmst du gern in Kauf, und mit deiner Cleverness machst du das schnell wieder wett. Ladybug und Cat Noir wären stolz auf dich!

Superhelden-Gehilfe

Hand aufs Herz: Du hilfst zwar, wo und wann immer du kannst, aber für das Gute zu kämpfen um jeden Preis, das ist nicht dein Ding. Du fühlst ähnlich wie Ladybug, wenn fiese kleine und auch große Gemeinheiten passieren, und hast einen ausgeprägten Sinn für Gerechtigkeit. Damit wärst du die perfekte Gehilfin für alle Superhelden. Glückwunsch!

Superhelden-Fan

Du weißt natürlich, was Recht und Unrecht ist, und bist loyal – wenn du jemanden magst, und auch nur dann. Außerdem bewegst du dich nur ungern aus deiner Komfortzone heraus. Hand aufs Herz: Du wusstest schon vor dem Test, dass dein Superhelden-Faktor gering ist. Macht nix, dafür ist deine Bewunderung für Superhelden umso größer.

Gabriel Agreste, der gefeierte Modedesigner, stand in seinem Arbeitszimmer und legte die Stirn in Falten. Er konnte sich kaum noch daran erinnern, wie es gewesen war, glücklich zu sein. Wann hatte er das letzte Mal unbeschwert gelacht? Seinen Sohn umarmt? Seine Frau geküsst? Es schien ewig lange zurückzuliegen. Es war, als wäre alle Liebe aus ihm gewichen. Die Liebe, die er seinem Sohn nicht geben konnte, hatte einer tiefen Verzweiflung Platz gemacht. Wie sehr wünschte er sich seine Frau zurück! Der Schmerz über ihren Verlust zerriss ihm fast die Brust. Die Wahrheit war, dass Gabriel Agreste so von seiner Arbeit besessen war, dass Emilie, seine geliebte Frau, es nicht mehr ertragen hatte.

Doch er hatte beides gewollt: beruflichen Erfolg und eine glückliche Familie. Und dann hatte er diese Wahrsagerin getroffen, die ihm prophezeite, Emilie würde für immer an seiner Seite bleiben, wenn sie das Pfauen-Miraculous trage. Gabriel Agreste war so fasziniert von dem Gedanken, dass er den kleinen Riss in der Pfauenbrosche gar nicht bemerkte. Als er Emilie die Brosche dann angesteckt hatte, fiel sie in einen endlosen, geheimnisvollen Schlaf. Am Ende hatte die Wahrsagerin recht behalten:

Emilie hatte ihn nicht verlassen. Sie war noch da. In einem geheimen Garten, tief unter Gabriel Agrestes Haus – schön wie eh und je, aber ohne Bewusstsein.

Als der Modedesigner dann eines Tages das Schmetterlings-Miraculous entdeckte, keimte neue Hoffnung in ihm auf. „Nooroo", befahl er dem dazugehörigen Kwami. „Hol meine Frau ins Leben zurück!"

wk Moth

„Diesen Wunsch kann ich dir nicht erfüllen", erwiderte Nooroo traurig. „Das können allein das Marien-käfer-Miraculous mit der Kraft der Schöpfung und das Katzen-Miraculous mit der Kraft der Zerstörung. Sie wurden im Chaos geboren und er-heben sich nur in Zeiten des Chaos."

„Nun gut", murmelte Gabriel Agreste. „Dann soll die Welt im Chaos versinken." So verwandelte er sich zum ersten Mal in Hawk Moth, den Erzschurken mit der stählernen Maske, und Nooroo verlieh ihm die Kraft der Akumatisierung.

Seither hat Gabriel Agreste alias Hawk Moth unzählige Male versucht, Paris ins Chaos zu stürzen. Denn er wollte die beiden mächtigsten Mira-culous an sich bringen, um Emilie aus ihrem ewigen Schlaf zu erwecken und seinem Sohn Adrien die Mutter zu-rückzugeben. Alles in seinem Leben war diesem Ziel untergeordnet. Gabriel Agreste züchtete in seinem geheimen Garten weiße Schmetter-linge. Die verwandelte er in Akumas, schickte sie zu Menschen mit negativen Gefühlen, um diese zu akumatisieren und in Super-schurken zu verwandeln. Bislang waren zwar all seine Bemühungen am Mut und an der Tapferkeit von Ladybug und Cat Noir gescheitert, doch Hawk Moth würde nicht aufgeben, bis Emilie gerettet war.

Flucht vor Hawk Moth

Hawk Moth hat es auf die Miraculous von Ladybug und Cat Noir abgesehen! Wer schafft es, ihm zu entkommen und die Miraculous in Sicherheit zu bringen?

START 1 2 3 4

5 Du bist voller Energie. Gehe 2 Felder vor.

6

28 27 26 25 24 23 22

29

30 31 **32** Du nutzt deine Superkraft. Gehe 4 Felder vor. 33 34 35 36

58 57 56 55 54 **53** Dein Kwami muss sich wieder aufladen. Setze 1 Runde aus. 52

59

60 61 **62** Du hast dein Miraculous auf Feld 60 verloren. Gehe dorthin zurück. 63 64 65 66

So geht's:

▶ Ihr braucht Münzen, die als Spielfiguren dienen, und einen Würfel.

▶ Der Spieler, der den Miraculous-Kinofilm als Erstes gesehen hat, beginnt.

▶ Wer an der Reihe ist, geht so viele Felder vorwärts, wie der Würfel anzeigt. Wer auf einem Feld mit Anweisungen landet, muss sie befolgen.

▶ Der Spieler, der zuerst das Ziel erreicht, gewinnt.

7 · 8 · 9 · 10 · 11 · 12 · 13

14

21 · **20** Vor dir lauert Gefahr. Warte ab und setze 1 Runde aus. · 19 · 18 · **17** Ein akumatisierter Bösewicht taucht auf. Gehe zurück auf Feld 6. · 16 · 15

37 · 38 · 39 · 40 · 41 · 42 · 43

44

51 · 50 · **49** Hawk Moth stellt dir eine Falle. Gehe 3 Felder zurück. · 48 · 47 · 46 · 45

67 · **68** Du hast deinen Partner gefunden. Gehe 1 Feld vor. · 69 · 70 · 71 · 72 · **ZIEL** Gut gemacht! Deine Miraculous sind sicher!

Liebe, Freundschaft, Ge

Er liebt sie, sie liebt ihn nicht ... Sie liebt ihn, er liebt sie nicht ... So könnte man – in Anlehnung an das beliebte Gänseblümchenorakel – das Chaos der Gefühle beschreiben, das zwischen Marinette alias Ladybug und Adrien alias Cat Noir herrscht. Dabei könnte alles so einfach sein! Aber warum einfach, wenn's auch kompliziert geht?

Marinette war wie gelähmt, als sie in der Schulbibliothek zum ersten Mal in die smaragdgrünen Augen ihres neuen Mitschülers Adrien blickte. Okay, Adrien fand das Mädchen mit dem Pony und den Zöpfen schon sehr süß. Wenn auch ein bisschen tollpatschig. Und schüchtern. Nicht nur, dass sie errötete, als sie sich zum ersten Mal durch das Bücherregal sahen – sie stammelte auch unverständliche Halbsätze. Dann rutschte sie auch noch aus oder stolperte ...

Als Adrien ihr daraufhin die Hand entgegenstreckte und ihr vom Boden hochhalf, schlug Marinette das Herz bis zum Hals. Und als ihr dann auch noch klar wurde, dass ihr neuer Mitschüler nicht nur der Sohn ihres Lieblingsdesigners Gabriel Agreste war, sondern auch modelte, war es endgültig um sie geschehen.

Bei Cat Noir war es Liebe auf den ersten Blick, als er in der altehrwürdigen Pariser Kathedrale Notre-Dame zum ersten Mal mit seiner Superhelden-Partnerin zusammentraf: der schönen, klugen, mutigen, kämpferischen Ladybug.

fühlschaos

Nach unzähligen gemeinsamen Einsätzen im Kampf gegen das Böse traute er sich endlich, ihr seine Gefühle zu gestehen. Doch Ladybug offenbarte ihm, dass ihr Herz einem anderen gehörte. Hätte Cat Noir gewusst, dass sie in Adrien verliebt war, hätte einem Happy End nicht mehr viel im Weg gestanden. Aber das Glück geht manchmal große Umwege …

Adrien erstarrte. Bis ihm klar wurde, wen er da vor sich hatte. Marinette war Ladybug. Nur sie konnte wissen, dass er Cat Noir war. Und jetzt erkannte er sie auch ohne Maske.
In diesem Moment kündigte die Musik den nächsten Tanz an. Adrien streckte seine Hand aus, und Marinette legte ihre Hand in seine. Sie wussten, dass sie untrennbar zusammengehörten – für immer und ewig. Genau wie Ladybug und Cat Noir.

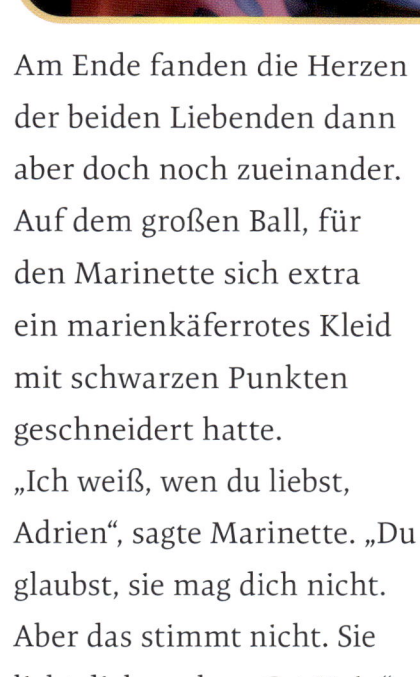

Am Ende fanden die Herzen der beiden Liebenden dann aber doch noch zueinander. Auf dem großen Ball, für den Marinette sich extra ein marienkäferrotes Kleid mit schwarzen Punkten geschneidert hatte.
„Ich weiß, wen du liebst, Adrien", sagte Marinette. „Du glaubst, sie mag dich nicht. Aber das stimmt nicht. Sie liebt dich auch … Cat Noir."

Filmquiz: Bist du ein ech

Kennst du dich aus beim neusten Abenteuer von Ladybug und Cat Noir?
Das Quiz verrät es dir. Die Buchstaben vor den richtigen Antworten
ergeben das Lösungswort.

1

Marinette findet das Marienkäfer-
Miraculous in einem alten,
verstaubten ...

H ... Antiquitätenladen.

M ... Textilgeschäft.

A ... Copyshop.

2

Welchen Käse isst
Plagg am liebsten?

L Mozzarella

D Emmentaler

A Camembert

3

Tikki ist das Kwami der ...

L ... Zerstörung.

W ... Erschaffung.

A ... Emotionen.

4

Welches Miraculous
ist an Emilie Agrestes geheimnis-
vollem Schlaf schuld?

K Das Pfauen-Miraculous

T Das Schmetterlings-Miraculous

A Das Siebenschläfer-Miraculous

ter Miraculous-Profi?

HAWK MOTH

5 Welches ist Ladybugs Allzweckwaffe?

- **T** Der Glücksbringer
- **M** Das Jo-Jo
- **K** Die Marienkäfer-Maske

6 Wo begegnen sich Adrien und Marinette zum ersten Mal?

- **O** Im Collège Françoise Dupont
- **Y** In der Bäckerei von Marinettes Eltern
- **R** In der Kathedrale Notre-Dame de Paris

7 Was sagt Cat Noir, um die Superkraft der Zerstörung zu aktivieren?

- **T** „Kataklysmus!"
- **N** „Pech und Schwefel!"
- **F** „Miau!"

8 In welche Klasse gehen Marinette, Alya, Adrien und Nino?

- **U** In die 6. Klasse
- **S** In die 8. Klasse
- **H** In die 10. Klasse

 # DIE SCHÖNSTEN

ISBN 978-3-8332-4319-6

ISBN 978-3-8332-4237-3

ISBN 978-3-8332-4236-6

ISBN 978-3-8332-3740-9

ISBN 978-3-8332-4080-5

ISBN 978-3-8332-4150-5

ISBN 978-3-8332-4229-8

ISBN 978-3-8332-4149-9

ISBN 978-3-8332-3472-9

ÜBERALL IM HANDEL UND AUF WWW.PANINISHOP.DE!

Panini BOOKS

MIRACULOUS-ABENTEUER!

DIE PUZZLES UND MALSETS VON RAVENSBURGER

3D-Puzzle Ball aus 72 Kunststoff-Puzzleteilen

3D-Puzzle Utensilo aus 54 Kunststoff-Puzzleteilen und 3 Zubehörteilen

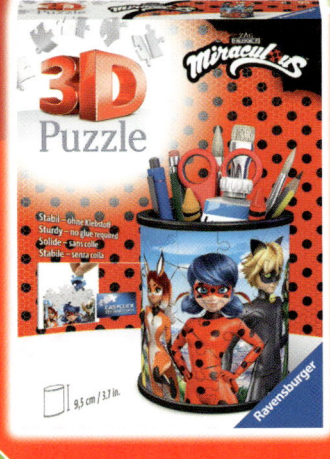

3 x 49 Teile, Puzzles inkl. Mini-Postern

Malen nach Zahlen – Komplettset mit Maltafel, 9 Acrylfarben, Pinsel und Bilderrahmen

IM HANDEL UND AUF WWW.RAVENSBURGER.DE!

DEINE SUPERHELDEN AUF CD UND DVD!

AB 7. JULI ERHÄLTLICH

Miraculous – 3er-CD-Hörspiel-Box, Folge 41–43

Miraculous – Das Original-Hörspiel zum Kinofilm

Miraculous – Komplette Staffel 4 auf DVD

DIE ORIGINAL-HÖRSPIELE UND DVDS ZUR SERIE.
ÜBERALL IM HANDEL UND DIGITAL ERHÄLTLICH!

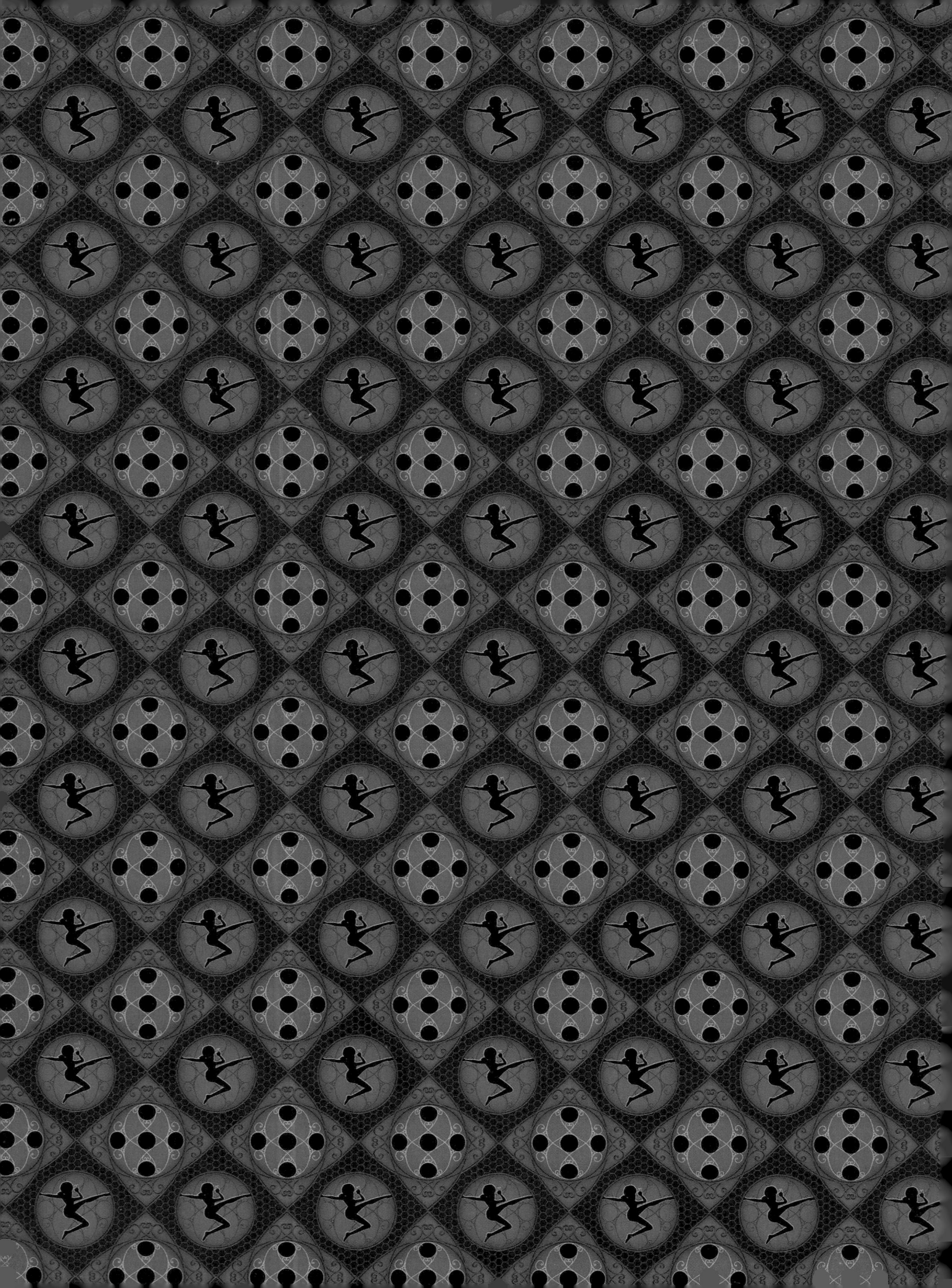